CAMILA VASCONCELLOS DIAS

CONSULTORIA EMPRESARIAL E NEGOCIAÇÃO ESTRATÉGICA

Como expandir negócios e alcançar o sucesso em mercados competitivos

Camila Vasconcellos Dias

**CONSULTORIA EMPRESARIAL E NEGOCIAÇÃO ESTRATÉGICA:
COMO EXPANDIR NEGÓCIOS E ALCANÇAR O SUCESSO EM MERCADOS COMPETITIVOS**

Coordenação editorial:
Gilson Mello

Projeto gráfico:
Flórida Business Academy

Correção, revisão e copidesque:
Fabiana Mello

Direção Geral:
Gilson Mello

Todos os direitos reservados e protegidos pela Lei nº 9.610, de 19/02/1998.

É expressamente proibida a reprodução total ou parcial deste livro, por quaisquer meios (eletrônicos, mecânicos, fotográficos, gravação e outros), sem prévia autorização por escrito da editora.

Primeira edição 2024

Dados Internacionais de Catalogação na Publicação (CIP)
Vasconcelos Dias, Camila
Consultoria empresarial e negociação estratégica:
Como expandir negócios e alcançar o sucesso em mercados competitivos
Camila Vasconcellos Dias; Orlando-FL: Flórida Business Academy
Negócios, 2024.
124 p.
ISBN: 9798343982947
1. Negócios 2. Realização pessoal. 3. Sucesso

Sumário

Prefácio --- 5

Introdução -- 11

Capítulo 1:

Identificando Oportunidades de Crescimento no Mercado Global --- 19

Capítulo 2:

Superando Desafios Culturais e Comerciais ----------------- 29

Capítulo 3:

Estruturação de Planos de Expansão Internacional ------ 39

Capítulo 4:

Negociação Estratégica para Expansão -------------------- 49

Capítulo 5:

Gestão de Riscos em Expansões Internacionais ----------- 59

Capítulo 6:

Desenvolvendo Parcerias Estratégicas ---------------------- 69

Capítulo 7:

Como Atrair Investidores e Capital para a Expansão ---- 79

Capítulo 8:

Implementando Modelos de Negócio Flexíveis ------------ 89

Capítulo 9:

Inovação em Mercados Competitivos -------------------------- 99

Capítulo 10:

Liderança e Gestão de Equipes em Expansão --------------- 109

Conclusão --- 117

Prefácio

Camila Vasconcellos Dias

Quando iniciei minha carreira em consultoria empresarial, não poderia imaginar que um dia estaria escrevendo este livro para compartilhar tudo o que aprendi ao longo dos anos. A ideia de escrever **"Consultoria Empresarial e Negociação Estratégica: Como Expandir Negócios e Alcançar o Sucesso em Mercados Competitivos"** surgiu da necessidade que percebi em muitas empresas que, ao buscar novos mercados, enfrentam desafios culturais, comerciais e estratégicos que podem facilmente comprometer o sucesso da expansão. Minha intenção aqui é oferecer soluções práticas e estratégias testadas que ajudem empresários a superar esses obstáculos e a prosperar em ambientes cada vez mais competitivos.

Minha formação jurídica foi o ponto de partida para minha trajetória profissional, e o que parecia uma carreira convencional se transformou em algo muito maior. Desde os primeiros anos como assessora jurídica em órgãos públicos, passando por minha atuação na Secretaria Municipal de Saúde de Manaus, onde liderar a Comissão de Sindicância me proporcionou uma compreensão profunda sobre mediação de conflitos e negociação estratégica, fui moldando minha visão sobre como estruturar soluções eficazes para empresas e organizações.

Ao fundar meu próprio escritório em 2014, que passou a se focar cada vez mais em consultoria empresarial, compreendi que meu papel ia além de simples assessoria. Era necessário liderar transformações, guiar empresários na tomada de decisões estratégicas, e principalmente, prepará-los para os desafios globais. Durante esses anos, tive a oportunidade de trabalhar com empresas de diversos setores, ajudando-as a expandir suas operações e otimizar seus processos em novos mercados, sempre com um olhar atento para a negociação e a mediação de conflitos.

O mundo empresarial é complexo, e expandir para novos mercados não é apenas uma questão de estratégia comercial, mas também de entendimento cultural e ajuste à realidade local. Foi por meio de experiências como essas, observando acordos internacionais e medindo o impacto das diferenças culturais, que desenvolvi as estratégias de negociação que apresento neste livro. Em muitos casos, vi empresas fracassarem por não compreenderem o quão importante é ajustar suas negociações ao contexto local, e isso me inspirou a compilar minhas experiências em um formato que outros possam aprender.

Escrevo este livro para empresários que, assim como eu, acreditam que o crescimento sustentável vem do planejamento estratégico, da negociação eficaz e da adaptação aos desafios que cada novo mercado impõe. Quero que este material sirva como um guia prático, oferecendo ferramentas e técnicas que os leitores possam aplicar diretamente em seus negócios.

Gostaria de expressar minha gratidão a todos os meus clientes, parceiros e mentores que fizeram parte da minha trajetória. Cada interação foi um aprendizado, e sem essas experiências, este livro não teria sido possível. Agradeço especialmente àqueles que confiaram em mim para guiá-los através de desafios complexos, pois foram essas vivências que moldaram as estratégias que compartilho aqui.

Ao longo dos capítulos, você encontrará exemplos práticos, estudos de caso e ferramentas que eu mesma apliquei em minhas consultorias e negociações. Espero que, ao final da leitura, você esteja mais preparado para enfrentar os desafios de expansão internacional e para negociar de forma mais eficaz, construindo parcerias de sucesso e transformando sua empresa para alcançar novos patamares de crescimento.

Com gratidão e expectativa por tudo o que você poderá realizar,

Camila Vasconcellos Dias

Introdução

Camila Vasconcellos Dias

O mercado global de hoje é marcado por um nível de competitividade que poucas empresas estavam preparadas para enfrentar há algumas décadas. A globalização, juntamente com as rápidas mudanças tecnológicas, transformou completamente a maneira como os negócios operam, obrigando empresas de todos os setores a se adaptarem ou serem deixadas para trás. O avanço das tecnologias digitais, a pressão por inovação constante e a expansão internacional em mercados cada vez mais dinâmicos impõem desafios inéditos, tanto para pequenas quanto para grandes corporações. A capacidade de sobreviver e prosperar nesse ambiente exige mais do que boas intenções – exige estratégia sólida, preparo técnico e, acima de tudo, negociação eficaz.

Nos últimos anos, observei de perto a dificuldade que muitos empresários enfrentam ao tentar expandir suas operações para mercados estrangeiros. Seja na Europa, nas Américas ou em outros continentes, os desafios culturais, regulatórios e comerciais podem rapidamente se tornar obstáculos intransponíveis, especialmente para aqueles que não têm um plano estruturado. O sucesso nessas empreitadas não depende apenas de uma oferta ou produto competitivo; ele está diretamente relacionado à capacidade de negociar de maneira estratégica, sabendo lidar com diferentes partes interessadas, tanto internas quanto externas, e à habilidade de resolver conflitos que inevitavelmente surgem ao longo do processo de expansão.

Neste cenário de transformação acelerada, é essencial que as empresas alinhem seus objetivos de crescimento a uma estratégia empresarial bem definida, que leve em consideração os diversos aspectos da negociação. Saber como negociar com parceiros internacionais, como mediar conflitos de interesses entre stakeholders e, mais importante, como adaptar suas operações ao contexto local, pode fazer toda a diferença entre o sucesso e o fracasso. A expansão sustentável não é apenas sobre entrar em novos mercados, mas sobre construir bases sólidas que permitam à empresa crescer e se manter relevante a longo prazo.

Ao longo deste livro, apresentarei um guia prático para empresários que desejam expandir seus negócios de forma estruturada, com segurança e preparo estratégico. Aqui, você encontrará ferramentas de negociação que ajudarão a superar os principais desafios do processo de internacionalização, além de técnicas de mediação de conflitos para garantir que as operações e parcerias sejam construídas sobre bases firmes. A minha experiência me mostrou que não existe uma fórmula mágica para o sucesso, mas sim uma combinação de planejamento rigoroso e habilidades interpessoais que podem ser aplicadas em qualquer contexto empresarial, independente do setor.

O foco deste livro é oferecer soluções práticas que possam ser aplicadas diretamente no seu dia a dia como empresário ou gestor. A ideia é que, ao final de cada capítulo, você se sinta mais confiante e preparado para tomar decisões que levarão sua empresa a novos patamares, minimizando os riscos e maximizando as oportunidades em mercados competitivos. O mundo dos negócios é desafiador, mas com as estratégias corretas, é possível não apenas sobreviver, mas prosperar em um ambiente em constante mudança.

A negociação estratégica é uma das habilidades mais poderosas que um empresário pode desenvolver, e dominar essa arte é o primeiro passo para conquistar novos mercados. Seja para negociar com parceiros locais, para fechar acordos comerciais ou para superar obstáculos regulatórios, entender como e quando negociar pode ser o fator decisivo no sucesso de uma expansão internacional. Neste livro, compartilharei insights valiosos e experiências reais que acumulamos ao longo dos anos, lidando com diversas empresas que passaram pelo processo de internacionalização, enfrentando desafios semelhantes aos que você pode estar prestes a enfrentar.

Acredito que a leitura deste livro lhe proporcionará perspectivas estratégicas e habilidades práticas que serão fundamentais para o seu crescimento empresarial. Minha missão é ajudá-lo a se preparar para os desafios do mercado global e a encontrar o sucesso em meio à complexidade e concorrência acirrada que definem o mundo dos negócios nos dias de hoje.

Seja bem-vindo a esta jornada de crescimento, adaptação e inovação.

Camila Vasconcellos Dias

Capítulo 1

Identificando Oportunidades de Crescimento no Mercado Global

Camila Vasconcellos Dias

A expansão para mercados internacionais é um passo ambicioso que pode trazer grandes benefícios, mas muitas empresas enfrentam um obstáculo comum logo no início: a falta de uma análise estratégica adequada. Quando o crescimento é planejado sem uma compreensão clara do mercado-alvo, as chances de sucesso diminuem significativamente. Neste capítulo, exploraremos os principais passos para identificar oportunidades de crescimento no mercado global e como isso pode ser feito de maneira estruturada, baseada em dados reais e em uma preparação sólida.

Análise de Mercado Detalhada

O primeiro passo para qualquer empresa que deseja expandir suas operações para novos mercados é realizar uma análise detalhada do mercado. Isso envolve mais do que apenas olhar para números de crescimento econômico; é essencial utilizar ferramentas de pesquisa de mercado que permitam entender o comportamento do consumidor, a competitividade local e as barreiras culturais que podem impactar as operações.

Por exemplo, ao trabalhar com empresas que desejavam entrar no mercado europeu, percebi que muitos empresários falham em perceber que cada país europeu tem suas próprias peculiaridades. Um mercado que pode parecer atraente à primeira vista, como a Alemanha ou a França, pode ter obstáculos específicos, como regulamentações rigorosas ou uma forte concorrência local, que exigem ajustes estratégicos antes de qualquer decisão de entrada. Uma pesquisa de mercado bem estruturada pode fornecer insights valiosos, como o poder de compra do público-alvo, hábitos de consumo e até mesmo a propensão à compra de produtos estrangeiros.

Utilizar ferramentas analíticas, como pesquisas de mercado segmentadas e estudos setoriais, ajudará a empresa a evitar erros comuns, como escolher um mercado saturado ou não identificar as preferências culturais que podem impactar o sucesso de um produto.

Avaliação de Competência Interna

Antes de qualquer decisão de expansão, uma empresa deve avaliar suas próprias competências e capacidades internas. Esta etapa envolve uma análise honesta sobre se a organização está pronta para competir em um novo mercado. Muitas vezes, empresas subestimam o impacto que a expansão terá sobre sua estrutura interna, sobre seus recursos e até mesmo sobre sua equipe de liderança.

Por exemplo, certa vez assessorei uma empresa do setor de tecnologia que queria expandir para o mercado americano. Embora tivessem um produto competitivo, a empresa não estava pronta em termos de infraestrutura e suporte logístico para atender à demanda de um novo mercado. Faltava-lhes também o capital humano especializado para lidar com as diferenças regulatórias e culturais do mercado americano. Essa falta de preparação interna atrasou o processo de expansão em quase dois anos, algo que poderia ter sido evitado com uma avaliação mais crítica desde o início.

Portanto, antes de planejar a expansão, faça uma auditoria interna para verificar se sua empresa possui as ferramentas necessárias – sejam elas financeiras, tecnológicas ou de pessoal – para enfrentar os desafios que virão.

Identificação de Tendências Globais

Outro aspecto crucial na identificação de oportunidades de crescimento é ficar atento às tendências globais que podem impactar o mercado. Estas podem incluir mudanças econômicas, políticas ou tecnológicas que estejam moldando os mercados e criando novas oportunidades.

Por exemplo, a rápida adoção de tecnologias digitais em todo o mundo criou novas oportunidades para empresas de tecnologia que oferecem soluções baseadas em plataformas digitais. Empresas que não se ajustam a essas tendências, no entanto, podem se ver rapidamente ultrapassadas por concorrentes mais ágeis.

Acompanhando relatórios de tendências globais, como os fornecidos por organizações como o World Economic Forum ou o FMI, é possível identificar os mercados que estão passando por crescimento ou transformação, seja por conta de inovações tecnológicas, mudanças nas relações comerciais internacionais, ou até mesmo crises que criam novas demandas. Empresas que investem em pesquisa contínua sobre essas tendências estão mais bem posicionadas para prever movimentos de mercado e ajustar suas estratégias.

Planejamento Estratégico

Após realizar uma análise detalhada do mercado e uma avaliação interna, o próximo passo é desenvolver um plano estratégico específico para cada mercado potencial. A expansão para mercados internacionais não é uma abordagem única para todos; cada mercado exige um plano personalizado.

Por exemplo, uma empresa que planeja expandir para o mercado asiático pode precisar de uma abordagem completamente diferente daquela que usaria para o mercado europeu. A adaptação das estratégias de marketing, precificação e até mesmo o posicionamento da marca pode ser a chave para garantir que a empresa seja bem-sucedida ao entrar em um novo país.

Um bom plano estratégico deve incluir objetivos claros, cronogramas de execução, análises de risco e planos de contingência. Além disso, deve-se estabelecer métricas de sucesso para monitorar o progresso e garantir que a empresa esteja no caminho certo.

Parcerias Locais

Por fim, um dos aspectos mais subestimados da expansão internacional é a importância de estabelecer parcerias locais. Essas parcerias podem facilitar muito o processo de entrada no mercado, ajudando a navegar pelas complicações regulatórias, barreiras culturais e rede de contatos locais.

Ter um parceiro local confiável pode acelerar o processo de adaptação ao novo mercado e evitar erros graves. Em mercados mais complexos ou que exigem um profundo entendimento da cultura local, como na Ásia ou Oriente Médio, essas parcerias são quase essenciais. Por exemplo, ao assessorar uma empresa do setor de manufatura que estava expandindo para o Brasil, foi fundamental estabelecer uma parceria com distribuidores locais, que já tinham o conhecimento necessário sobre o funcionamento do mercado brasileiro.

Empresas que desenvolvem parcerias estratégicas têm uma vantagem significativa em termos de influência local, acesso a redes de fornecedores e até mesmo a possibilidade de compartilhar custos operacionais, o que contribui para uma expansão mais ágil e eficaz.

O sucesso na expansão global começa com uma análise estratégica sólida que identifica as melhores oportunidades de crescimento. As empresas precisam combinar uma pesquisa de mercado detalhada, uma avaliação honesta de suas capacidades internas, e a habilidade de reconhecer tendências globais emergentes para se posicionarem de forma vantajosa. Além disso, o desenvolvimento de parcerias locais e um planejamento estratégico personalizado para cada mercado potencial são fatores decisivos para garantir que a expansão seja sustentável e bem-sucedida.

Com essas ferramentas em mãos, os empresários estarão mais bem preparados para enfrentar os desafios do mercado global e transformar essas oportunidades em resultados concretos para suas organizações.

Camila Vasconcellos Dias

Capítulo 2

Superando Desafios Culturais e Comerciais

Camila Vasconcellos Dias

Expandir uma empresa para mercados internacionais envolve muito mais do que simplesmente replicar o modelo de negócios bem-sucedido de um mercado doméstico. Uma das maiores armadilhas que as empresas enfrentam ao tentar se estabelecer em novos mercados é subestimar as diferenças culturais e comerciais que existem entre os países. Essas diferenças podem afetar todos os aspectos das operações, desde a comunicação interna até a aceitação do produto pelo público. Neste capítulo, vamos explorar os principais desafios culturais e comerciais que as empresas encontram ao entrar em mercados internacionais e as estratégias práticas para superá-los.

Entendimento das Diferenças Culturais

O primeiro passo para superar os desafios culturais é entender profundamente as normas culturais do mercado-alvo. Cada país tem seus próprios costumes, tradições e maneiras de fazer negócios, e a falta de sensibilidade cultural pode prejudicar gravemente as negociações e parcerias. Antes de qualquer interação comercial, é fundamental realizar uma pesquisa aprofundada sobre a cultura local, compreendendo aspectos como hierarquia, tomada de decisão, estilos de comunicação e até mesmo o comportamento social.

Por exemplo, em alguns países asiáticos, a tomada de decisão é baseada em consenso e pode demorar mais do que em culturas ocidentais, onde a abordagem é muitas vezes mais individualista e orientada para resultados rápidos. Ignorar essas nuances culturais pode fazer com que uma negociação seja encerrada antes mesmo de começar. Adaptar-se às expectativas culturais, como a etiqueta nos encontros de negócios, o respeito aos níveis hierárquicos e até mesmo a forma de conduzir uma reunião, pode ser a chave para construir relações duradouras em novos mercados.

Para superar esse desafio, invista em treinamento cultural para a equipe, incluindo cursos que abordem as peculiaridades do país-alvo. A contratação de consultores locais que entendam essas nuances pode acelerar o processo de adaptação e ajudar a evitar erros que poderiam comprometer as operações logo no início.

Comunicação Eficaz

A comunicação é um dos elementos mais críticos ao lidar com diferentes culturas. Estratégias de comunicação que funcionam em um mercado podem ser mal interpretadas em outro. Em algumas culturas, a comunicação direta e clara é valorizada, enquanto em outras, a comunicação indireta e sutil é preferida. Compreender essas diferenças é essencial para garantir que sua mensagem seja bem recebida e que sua empresa possa operar sem grandes obstáculos.

Por exemplo, em culturas de alta-contextualidade, como no Japão ou na China, muito do que é comunicado é implícito e depende do contexto. Por outro lado, em culturas de baixa-contextualidade, como nos Estados Unidos ou na Alemanha, a clareza e a objetividade são fundamentais, e a comunicação precisa ser explícita. A empresa deve estar preparada para ajustar suas estratégias de comunicação, tanto em campanhas de marketing quanto em interações comerciais, para atender a essas expectativas.

Além disso, é importante estar ciente das barreiras linguísticas. Em muitos casos, contratar um tradutor ou intérprete que seja fluente na língua e na cultura pode ser uma ferramenta indispensável para facilitar a comunicação e evitar mal-entendidos.

Negociação Internacional

Negociar com sucesso em mercados internacionais requer um entendimento profundo de como diferentes culturas abordam a negociação. Em algumas regiões, as negociações podem ser formais e longas, com grande ênfase no desenvolvimento de relacionamentos pessoais antes de qualquer acordo ser firmado. Em outras, a negociação pode ser mais focada em resultados rápidos e em acordos diretos.

Em países como o Brasil, por exemplo, a construção de relações de confiança pode ser tão importante quanto o negócio em si. É comum que reuniões informais, como almoços ou jantares, façam parte do processo de negociação, e as decisões finais podem ser adiadas até que um nível satisfatório de relacionamento tenha sido alcançado. Em contrapartida, nos Estados Unidos ou na Alemanha, as negociações tendem a ser mais objetivas e orientadas para resultados imediatos, com menos ênfase em laços pessoais.

Estudar as particularidades de negociação de cada cultura permitirá que sua empresa adapte suas abordagens, minimizando o risco de mal-entendidos ou frustrações durante o processo. A capacidade de flexibilizar táticas de negociação de acordo com a cultura local pode ser a diferença entre fechar ou perder um negócio.

Adaptação de Produtos e Serviços

Outro desafio significativo ao entrar em um novo mercado é a adaptação da oferta de produtos ou serviços. As preferências culturais variam amplamente entre os países, e o que é considerado um produto ou serviço de sucesso em um lugar pode não ser bem recebido em outro. A adaptação cultural pode envolver mudanças simples, como alterações de embalagens, ou ajustes mais complexos, como reformular o produto para atender às preferências locais.

Por exemplo, empresas que entram em mercados asiáticos frequentemente adaptam seus sabores ou ingredientes para atender às preferências regionais. Uma marca de alimentos pode precisar ajustar suas receitas para se adequar ao paladar local, enquanto uma empresa de tecnologia pode precisar adaptar seus produtos para compatibilidade com plataformas locais ou para atender a regulamentações específicas de segurança.

Realizar pesquisas de mercado locais é essencial para entender as expectativas dos consumidores e garantir que o produto seja relevante. Além disso, estar aberto a personalizar a oferta pode ser o fator decisivo para o sucesso em novos mercados.

Regulamentações Locais

Cada país tem seu próprio conjunto de leis e regulamentações, e a conformidade com essas regras é crucial para evitar multas, processos legais ou até mesmo a expulsão do mercado. Isso inclui regulamentações fiscais, requisitos trabalhistas, leis de propriedade intelectual e, em alguns casos, restrições comerciais específicas para determinados tipos de negócios.

Em mercados como o europeu, por exemplo, as normas regulatórias podem ser bastante rigorosas, especialmente em setores como alimentação, tecnologia e medicamentos. Não estar em conformidade pode resultar em penalidades graves ou na revogação de licenças operacionais. Por outro lado, em mercados emergentes, as regulamentações podem ser menos rigorosas, mas as políticas governamentais instáveis ou as mudanças nas regulamentações comerciais podem impactar diretamente as operações da empresa.

Para superar esse desafio, a contratação de consultores jurídicos locais e a realização de uma due diligence detalhada sobre as regulamentações do mercado-alvo são fundamentais. Estar atento às atualizações regulatórias e garantir que sua empresa esteja em conformidade desde o início ajudará a evitar problemas futuros e a garantir uma operação estável.

Superar os desafios culturais e comerciais em mercados internacionais é uma das tarefas mais complexas que as empresas enfrentam. No entanto, ao desenvolver um entendimento profundo das normas culturais, ajustar suas estratégias de comunicação, adaptar suas ofertas de produtos e garantir a conformidade com as regulamentações locais, as empresas podem minimizar os riscos e maximizar suas chances de sucesso.

A adaptação cultural é uma das chaves para o sucesso em mercados internacionais, e as empresas que se dedicam a estudar e entender essas nuances estão em melhor posição para construir relações comerciais sólidas, aumentar sua competitividade e, por fim, garantir o sucesso de longo prazo em novos mercados.

Capítulo 3

Estruturação de Planos de Expansão Internacional

Camila Vasconcellos Dias

Expandir as operações de uma empresa para o mercado internacional é uma empreitada complexa que exige mais do que apenas intenção e recursos. Um dos maiores erros que muitas empresas cometem é não ter um plano de expansão estruturado. A falta de planejamento adequado pode resultar em erros dispendiosos, ineficiências e, em alguns casos, no fracasso completo da iniciativa de internacionalização. Para garantir que a expansão seja bem-sucedida, é essencial desenvolver um plano detalhado, que considere os recursos, riscos, cronogramas e o monitoramento de resultados. Neste capítulo, veremos os principais componentes de um plano de expansão internacional e como eles podem ser aplicados para minimizar riscos e maximizar as oportunidades.

Análise de Recursos e Capacidades

O primeiro passo na estruturação de um plano de expansão internacional é fazer uma análise detalhada dos recursos e capacidades da empresa. Isso inclui não apenas os recursos financeiros, mas também os recursos humanos e tecnológicos. Muitas vezes, empresas subestimam o volume de recursos necessários para operar em um novo mercado, o que pode levar a comprometimentos operacionais e, eventualmente, ao fracasso da expansão.

A avaliação deve começar com uma auditoria interna que identifique se a empresa tem a capacidade operacional para sustentar a expansão. Isso envolve garantir que a equipe tenha o conhecimento necessário para lidar com os desafios de um novo mercado e que as tecnologias utilizadas possam ser escaladas para atender às exigências internacionais. Por exemplo, se uma empresa de e-commerce planeja expandir para a Europa, é crucial garantir que sua plataforma tecnológica suporte transações internacionais e cumpra as regulamentações de proteção de dados da União Europeia, como o GDPR.

Além disso, é necessário avaliar se há recursos financeiros suficientes para cobrir os custos iniciais da expansão, como contratações locais, adaptação de produtos, marketing e infraestrutura operacional. Um plano de expansão sem um entendimento claro dos custos pode rapidamente levar a uma sobrecarga financeira que afeta as operações no mercado doméstico.

Planejamento de Riscos

Qualquer plano de expansão internacional precisa incluir uma seção dedicada ao planejamento de riscos. Expandir para um novo mercado é sempre um processo incerto, e identificar e mitigar possíveis riscos desde o início pode evitar surpresas desagradáveis no futuro. Esses riscos podem incluir barreiras regulatórias, flutuações cambiais, instabilidade política ou até mesmo a resistência cultural ao produto ou serviço oferecido.

Para mitigar esses riscos, é importante realizar uma análise de cenários. Isso envolve mapear as possíveis dificuldades que podem surgir ao longo do caminho e desenvolver planos de contingência para lidar com essas situações. Por exemplo, uma empresa que está entrando em um mercado emergente com alta instabilidade política deve considerar ter uma estratégia de saída ou diversificar seus investimentos em outras regiões para mitigar o impacto de uma possível crise.

Outro aspecto crucial do planejamento de riscos é o gerenciamento de conformidade regulatória. Garantir que a empresa esteja totalmente alinhada com as leis locais, como as de tributação, trabalho e propriedade intelectual, pode prevenir complicações legais e financeiras. O uso de consultores locais e advogados especializados pode ser uma estratégia eficaz para reduzir esses riscos.

Cronograma de Expansão

Uma vez que os recursos foram avaliados e os riscos identificados, o próximo passo é criar um cronograma de expansão claro e detalhado. O cronograma deve incluir metas e prazos realistas, que permitam à empresa progredir em etapas claras e mensuráveis. Um cronograma bem elaborado ajuda a garantir que todos os envolvidos no processo de expansão saibam o que esperar e quando, além de permitir que a empresa ajuste sua estratégia conforme necessário.

O cronograma deve ser dividido em fases, começando pela pesquisa de mercado e análise de viabilidade, seguida pela adaptação do produto e contratação de parceiros locais, até a implementação total das operações. Estabelecer metas intermediárias permite uma avaliação constante do progresso e garante que a expansão esteja seguindo conforme o planejado.

Por exemplo, a primeira fase do cronograma pode ser a realização de testes-piloto no novo mercado, avaliando a recepção do produto e ajustando a estratégia de marketing de acordo. A segunda fase pode incluir a contratação de uma equipe local, enquanto a terceira fase abrange o lançamento oficial da operação. Cada uma dessas fases deve ser vinculada a prazos concretos e resultados esperados.

Alocação de Recursos

Uma parte crucial da expansão internacional é garantir que os recursos sejam alocados de forma eficiente. Isso significa determinar onde e como os recursos financeiros e humanos serão aplicados ao longo do processo. A alocação eficiente de recursos não apenas garante que a expansão seja sustentável, mas também permite à empresa ajustar suas operações com base nas necessidades do mercado.

Por exemplo, se a pesquisa de mercado indica que o marketing local será um fator crucial para o sucesso, pode ser necessário alocar uma parcela significativa do orçamento para estratégias de marketing e publicidade, enquanto outras áreas, como o desenvolvimento do produto, podem requerer menos investimentos iniciais. Além disso, a contratação de profissionais experientes e parceiros locais pode ser um uso eficiente dos recursos, já que essas pessoas terão um entendimento profundo do mercado e podem acelerar o processo de integração.

A flexibilidade na alocação de recursos também é importante. À medida que a empresa avança em novas fases da expansão, pode ser necessário reajustar os investimentos com base em novas informações ou desafios inesperados.

Monitoramento e Avaliação

Nenhum plano de expansão internacional está completo sem um sistema robusto de monitoramento e avaliação. Estabelecer indicadores-chave de desempenho (KPIs) é essencial para acompanhar o progresso e garantir que a expansão esteja atingindo os objetivos estratégicos estabelecidos.

Esses KPIs podem incluir métricas como taxa de crescimento de vendas, custo de aquisição de clientes, retenção de clientes, e participação de mercado. Monitorar esses indicadores de forma consistente permitirá que a empresa faça ajustes táticos em tempo real, minimizando desperdícios de recursos e maximizando o retorno sobre o investimento.

A avaliação contínua também garante que o plano de expansão possa ser ajustado conforme necessário. Se uma estratégia específica não estiver funcionando como esperado, o monitoramento regular permite que a equipe faça correções rápidas antes que os problemas se tornem grandes demais para serem solucionados.

Estruturar um plano de expansão internacional é um processo detalhado que requer preparo e planejamento em todas as etapas. Avaliar corretamente os recursos internos, identificar riscos potenciais, criar um cronograma detalhado e alocar recursos de forma eficiente são passos cruciais para garantir que a expansão ocorra sem grandes problemas. Além disso, o monitoramento contínuo e a avaliação de desempenho são essenciais para garantir que a empresa esteja no caminho certo e possa ajustar sua estratégia conforme necessário.

Ao seguir esses passos, as empresas podem minimizar os riscos e maximizar as oportunidades oferecidas pelos mercados internacionais, garantindo uma expansão sustentável e bem-sucedida.

Capítulo 4

Negociação Estratégica para Expansão

A negociação desempenha um papel fundamental na expansão internacional de qualquer empresa. Seja para estabelecer parcerias locais, fechar acordos com fornecedores ou negociar contratos comerciais, a capacidade de conduzir negociações estratégicas pode determinar o sucesso ou o fracasso de uma empresa em novos mercados. No entanto, muitas empresas falham em negociar condições favoráveis porque não compreendem as nuances culturais e comerciais do mercado estrangeiro. Para evitar esses erros, é essencial abordar as negociações com uma estratégia clara e bem preparada. Neste capítulo, exploraremos as principais práticas para garantir negociações eficazes, levando sua empresa a firmar acordos vantajosos em novos territórios.

Definição de Objetivos Claros

O primeiro passo para uma negociação bem-sucedida é definir objetivos claros. Sua empresa deve saber exatamente o que deseja alcançar antes mesmo de iniciar a negociação. Isso envolve entender tanto os objetivos a longo prazo quanto os benefícios imediatos que a negociação pode proporcionar.

Por exemplo, ao negociar com um novo distribuidor em um mercado estrangeiro, é importante saber se o objetivo é aumentar a participação de mercado rapidamente ou se a prioridade é estabelecer uma base sólida para um crescimento gradual e sustentável. Esses objetivos orientarão todas as decisões e compromissos durante o processo de negociação.

Ter clareza nos objetivos comerciais permite que a empresa mantenha o foco no que realmente importa, evitando concessões desnecessárias e mantendo-se firme em pontos cruciais. Essa clareza também ajuda a equipe de negociação a se alinhar e a transmitir uma mensagem coesa ao parceiro de negociação.

Pesquisa de Mercado

Negociar em um mercado estrangeiro sem uma pesquisa de mercado adequada é um erro que pode custar caro. Conhecer o contexto local, as características do parceiro de negociação, e os dados econômicos sobre o mercado é fundamental para garantir que sua empresa esteja em uma posição forte na mesa de negociações. A falta de informação pode levar a acordos desvantajosos, principalmente se a empresa subestimar o valor de sua proposta ou desconhecer as práticas comerciais do mercado-alvo.

Antes de qualquer negociação, sua empresa deve realizar uma pesquisa detalhada sobre:

- O parceiro de negociação (histórico, objetivos e situação financeira).
- As condições de mercado (demanda, concorrência e regulação local).
- As tendências econômicas que podem impactar os negócios a longo prazo.

Essas informações não apenas ajudam sua empresa a entender melhor o ambiente em que está operando, mas também fornecem argumentos sólidos para negociar melhores condições. Quanto mais sua empresa souber sobre o mercado local e o parceiro, mais preparados estarão os negociadores para lidar com possíveis obstáculos e tirar proveito das oportunidades que surgirem.

Criação de Soluções Ganha-Ganha

Uma das maiores armadilhas nas negociações internacionais é adotar uma mentalidade de ganhar-perder, onde um lado tenta maximizar seus benefícios à custa do outro. Essa abordagem, além de ser insustentável a longo prazo, pode prejudicar o relacionamento com parceiros estratégicos. A solução é buscar acordos ganha-ganha, em que ambas as partes veem valor no acordo e saem com benefícios tangíveis.

Para isso, é importante entender os interesses do outro lado e criar soluções que beneficiem ambas as partes. Isso pode significar flexibilidade em termos que não afetam diretamente os interesses principais da sua empresa, mas que oferecem vantagens significativas para o parceiro.

Por exemplo, ao negociar com um distribuidor local, sua empresa pode oferecer condições flexíveis de pagamento ou um exclusivo de vendas por um período limitado, em troca de um compromisso mais forte com metas de volume ou crescimento de mercado. Criar essas soluções equilibradas fortalece a parceria e aumenta as chances de sucesso a longo prazo.

Flexibilidade nas Negociações

Apesar da importância de entrar em uma negociação com objetivos claros, é igualmente essencial manter uma mentalidade flexível. Em mercados internacionais, as circunstâncias podem mudar rapidamente e, muitas vezes, surgem novas soluções ou condições inesperadas ao longo do processo de negociação.

Manter uma postura inflexível pode resultar na perda de boas oportunidades, especialmente quando a outra parte oferece alternativas que podem ser igualmente vantajosas, mas que não estavam inicialmente previstas. A capacidade de adaptar-se rapidamente às condições emergentes e de considerar novos pontos de vista permite à empresa negociar de maneira mais eficaz e encontrar soluções criativas para problemas complexos.

A flexibilidade também é crucial ao lidar com diferentes culturas de negociação. Em alguns países, a negociação pode ser mais lenta e envolver várias rodadas de conversas e ajustes, enquanto em outros, a expectativa é de um processo rápido e decisivo. Estar preparado para adaptar sua estratégia a essas diferentes abordagens culturais pode fazer uma diferença significativa no resultado final.

Gestão de Conflitos

Conflitos são inevitáveis em qualquer negociação, especialmente em negociações internacionais, onde as diferenças culturais, expectativas divergentes e barreiras linguísticas podem aumentar a probabilidade de mal-entendidos. No entanto, o sucesso de uma negociação depende, em grande parte, de como esses conflitos são gerenciados.

Ao longo da negociação, é importante manter uma postura colaborativa e focada em soluções, em vez de adotar uma abordagem combativa. Identificar as fontes do conflito e propor soluções que atendam aos interesses de ambas as partes pode transformar potenciais impasses em oportunidades de fortalecer o relacionamento. Além disso, preparar-se antecipadamente para lidar com divergências evita que o processo de negociação seja interrompido ou se torne improdutivo.

Um bom exemplo é a prática de utilizar terceiros neutros para mediar conflitos, quando necessário. Em negociações internacionais, especialmente em mercados onde as culturas de negociação são muito diferentes, o uso de mediadores ou facilitadores pode ajudar a resolver impasses delicados e encontrar soluções aceitáveis para todos.

A negociação estratégica é um dos componentes mais importantes no sucesso de uma expansão internacional. Ao definir objetivos claros, realizar uma pesquisa de mercado abrangente, buscar soluções ganha-ganha, manter a flexibilidade e gerenciar conflitos de maneira eficiente, as empresas podem negociar acordos favoráveis e garantir condições que sustentem o crescimento a longo prazo.

Uma abordagem de negociação bem-sucedida vai além de simplesmente "vencer" a negociação; trata-se de construir parcerias sólidas e duradouras que beneficiarão sua empresa em mercados globais competitivos. Essas parcerias, quando bem estabelecidas, criam um ambiente favorável para o sucesso contínuo, permitindo que a empresa não apenas entre em novos mercados, mas também cresça de forma sustentável dentro deles.

Capítulo 5

Gestão de Riscos em Expansões Internacionais

Camila Vasconcellos Dias

Expandir uma empresa para novos mercados traz inúmeras oportunidades, mas também apresenta uma série de riscos que podem comprometer a viabilidade e o sucesso do projeto. Muitas empresas, ansiosas para entrar em novos mercados, acabam subestimando ou ignorando esses riscos, o que pode resultar em perdas financeiras, interrupções operacionais e, em casos extremos, no fracasso total da expansão. Para garantir uma transição suave e eficaz, é crucial desenvolver uma abordagem proativa e contínua para a gestão de riscos. Neste capítulo, exploraremos as principais estratégias para identificar, mitigar e gerenciar riscos em expansões internacionais, minimizando os contratempos e maximizando as chances de sucesso.

Identificação de Riscos

O primeiro passo para gerenciar riscos é realizar uma identificação abrangente dos possíveis riscos em cada mercado. Cada país apresenta um conjunto único de desafios, que pode incluir desde instabilidade política e flutuações cambiais até barreiras culturais e desafios regulatórios. Para uma empresa que planeja expandir internacionalmente, é fundamental avaliar todos os fatores que podem impactar suas operações no novo mercado.

Uma forma eficiente de realizar essa identificação é conduzir uma avaliação de riscos detalhada, que mapeia os riscos relacionados à infraestrutura, regulamentações locais, parcerias comerciais e demandas do consumidor. Isso inclui examinar o ambiente macroeconômico, as condições de mercado e até mesmo as relações diplomáticas entre o país de origem e o mercado-alvo. Quanto mais detalhada for essa análise, mais preparados os líderes empresariais estarão para lidar com os desafios à frente.

Por exemplo, uma empresa que pretende se expandir para mercados emergentes pode identificar riscos relacionados à instabilidade política ou à falta de infraestrutura adequada. Esses fatores devem ser considerados ao planejar a entrada no mercado, permitindo que a empresa crie estratégias para mitigar essas ameaças antes que afetem suas operações.

Diversificação de Mercados

Uma das formas mais eficazes de gerenciar riscos em uma expansão internacional é diversificar os mercados nos quais a empresa está entrando. Colocar todos os recursos em um único mercado pode ser arriscado, especialmente se esse mercado enfrentar problemas inesperados, como crises econômicas ou instabilidades políticas. Ao expandir para vários mercados ao mesmo tempo, a empresa pode distribuir os riscos e aumentar suas chances de sucesso.

A diversificação geográfica permite que uma empresa reduza a dependência de um único mercado. Por exemplo, se uma empresa concentra todos os seus esforços na expansão para um único país e esse país enfrenta uma recessão econômica ou mudanças regulatórias, a empresa pode enfrentar perdas significativas. No entanto, se essa mesma empresa estiver operando em vários mercados ao redor do mundo, ela pode equilibrar suas receitas e minimizar os impactos de problemas regionais.

Diversificar mercados também permite que a empresa aproveite diferentes ciclos econômicos. Enquanto uma região pode estar enfrentando dificuldades, outra pode estar crescendo rapidamente, permitindo que a empresa mantenha sua estabilidade financeira e sua resiliência operacional.

Mitigação de Riscos Legais

Cumprir as regulamentações locais é uma das maiores preocupações para empresas que buscam expandir suas operações internacionais. As leis e regulamentações variam amplamente entre os países, e o desconhecimento ou a não conformidade com essas regras pode resultar em multas, penalidades ou até mesmo a expulsão do mercado. Assim, é vital que as empresas realizem uma diligência regulatória antes de entrar em qualquer novo mercado.

Essa diligência deve incluir a análise de requisitos fiscais, leis trabalhistas, regras de proteção ao consumidor e regulamentações ambientais, além de quaisquer normas específicas do setor no qual a empresa opera. A contratação de consultores jurídicos locais pode ser uma estratégia eficaz para garantir que a empresa esteja em conformidade com as regras locais e evite problemas futuros.

Por exemplo, muitas empresas de tecnologia enfrentam desafios ao lidar com regulamentações de privacidade de dados em diferentes países. O Regulamento Geral de Proteção de Dados (GDPR) na União Europeia é um exemplo de como a conformidade regulatória pode ser complexa e rigorosa. Empresas que não se preparam adequadamente para seguir essas regras podem enfrentar penalidades severas, o que torna essencial a contratação de especialistas locais para mitigar esses riscos.

Planejamento Contingencial

Nenhuma expansão internacional está livre de imprevistos, e é por isso que desenvolver um plano de contingência é essencial para minimizar o impacto de eventuais crises. Um plano de contingência permite que a empresa reaja rapidamente a situações adversas, sem comprometer suas operações no mercado local. Esse plano deve ser flexível o suficiente para se adaptar a diferentes cenários e, ao mesmo tempo, específico para cada mercado em que a empresa está atuando.

Um plano de contingência eficaz inclui estratégias para lidar com interrupções operacionais, problemas logísticos, quebras de contrato ou instabilidades políticas. Além disso, deve prever uma estratégia de saída para situações extremas, caso a expansão para um determinado mercado se torne inviável. Ao desenvolver esses planos com antecedência, a empresa garante que estará pronta para reagir rapidamente a crises e minimizar possíveis perdas.

Por exemplo, empresas que operam em países propensos a desastres naturais ou conflitos políticos podem ter um plano de contingência que inclua realocação de operações ou mudança de fornecedores em caso de emergência. Essas medidas garantem que a empresa possa continuar suas operações com o mínimo de interrupção.

Seguro Internacional

Uma forma adicional de mitigar riscos é contratar seguros internacionais que cobrem riscos financeiros e operacionais associados à expansão. Existem várias opções de seguro que podem ser adaptadas às necessidades de empresas em expansão, cobrindo desde riscos políticos até danos materiais, interrupções de negócios e questões legais.

O seguro contra riscos políticos, por exemplo, pode proteger a empresa contra perdas causadas por eventos como nacionalização, expropriação ou restrições à transferência de lucros. Já o seguro de interrupção de negócios pode ajudar a compensar as perdas decorrentes de desastres naturais ou problemas logísticos que afetem a operação. A contratação de uma apólice de seguro adequada é uma forma eficaz de garantir que a empresa estará protegida contra eventos imprevistos que poderiam comprometer sua estabilidade financeira.

A gestão de riscos em expansões internacionais não deve ser tratada como uma tarefa secundária, mas como uma parte essencial da estratégia de negócios. Identificar os riscos potenciais, diversificar os mercados, mitigar os riscos legais e desenvolver planos de contingência são passos fundamentais para garantir que a expansão ocorra de forma segura e sustentável. Além disso, a contratação de seguros internacionais pode fornecer uma camada adicional de proteção contra eventos imprevistos.

Ao abordar a gestão de riscos de forma proativa e contínua, as empresas estarão mais bem preparadas para enfrentar desafios, minimizar impactos negativos e garantir o sucesso de longo prazo em novos mercados internacionais.

Capítulo 6
Desenvolvendo Parcerias Estratégicas

Camila Vasconcellos Dias

Expandir uma empresa para novos mercados envolve desafios que vão além do domínio do ambiente econômico e legal. Uma das chaves para uma expansão internacional bem-sucedida é a formação de parcerias estratégicas. No entanto, muitas empresas enfrentam dificuldades em identificar parceiros confiáveis, alinhar objetivos e estruturar acordos vantajosos que beneficiem ambas as partes. Parcerias estratégicas bem elaboradas podem proporcionar um acesso facilitado ao mercado, reduzir custos operacionais e agilizar processos locais, mas é crucial garantir que essas alianças sejam construídas de maneira sólida e mutuamente benéfica. Neste capítulo, exploraremos as etapas e práticas essenciais para desenvolver parcerias estratégicas que impulsionam o sucesso de uma expansão internacional.

Identificação de Potenciais Parceiros

O primeiro passo para desenvolver uma parceria estratégica de sucesso é realizar uma pesquisa detalhada para identificar potenciais parceiros locais. Encontrar um parceiro que compreenda o mercado local, tenha credibilidade e compartilhe dos mesmos valores que sua empresa é fundamental para garantir uma expansão bem-sucedida.

Essa pesquisa deve considerar não apenas a reputação do parceiro no mercado, mas também a complementaridade de habilidades e recursos que ele pode oferecer. Por exemplo, se sua empresa está expandindo para um país onde a distribuição local é um desafio, encontrar um parceiro com uma rede de distribuição bem estabelecida pode ser o ponto chave para o sucesso. Da mesma forma, em mercados com barreiras culturais significativas, um parceiro com profundo conhecimento cultural pode ajudar a adaptar produtos e serviços de forma mais eficiente.

Utilize consultorias locais, participe de feiras comerciais e busque referências com outras empresas que já realizaram expansões semelhantes para identificar parceiros em potencial. O importante é garantir que o parceiro tenha boa reputação e que seus objetivos de longo prazo estejam alinhados com os da sua empresa.

Alinhamento de Objetivos

Uma das maiores falhas em parcerias estratégicas ocorre quando os objetivos de ambas as partes não estão alinhados. Para que uma parceria seja bem-sucedida, é crucial que todos os envolvidos compartilhem dos mesmos objetivos e expectativas de resultados. Isso significa que, desde o início, a empresa e o parceiro precisam deixar claro o que esperam alcançar com a parceria.

Por exemplo, se sua empresa está buscando um parceiro local para acelerar a entrada no mercado, é importante que o parceiro entenda que o foco inicial será no crescimento rápido e na conquista de participação de mercado. Se, por outro lado, o parceiro estiver mais interessado em estabilidade a longo prazo e em relacionamentos de longo prazo, essa falta de alinhamento pode resultar em frustrações de ambas as partes.

Ter uma comunicação clara e transparente durante a fase inicial da parceria, onde ambos os lados expõem seus objetivos e alinham suas expectativas, é a melhor maneira de evitar conflitos futuros. Quanto mais bem definidos forem os objetivos, maior será a probabilidade de a parceria ser mutuamente benéfica.

Estruturação de Acordos de Parceria

Uma vez que os parceiros foram identificados e os objetivos alinhados, é hora de estruturar o acordo de parceria. É nesse momento que a empresa deve garantir que todos os termos e condições sejam claros e justos para ambas as partes. Um acordo de parceria bem estruturado não apenas protege os interesses de sua empresa, mas também cria um fundamento sólido para o relacionamento futuro.

O acordo deve abordar áreas como:

- Responsabilidades de cada parte: Estabeleça claramente quem será responsável por cada aspecto da operação, seja distribuição, marketing, ou conformidade regulatória.
- Participação nos lucros: Determine como os lucros serão distribuídos entre as partes e em que termos.

- Prazos e condições de rescisão: Defina prazos claros para a duração da parceria e as condições em que a parceria pode ser encerrada.

Além disso, é essencial garantir que o acordo de parceria seja flexível o suficiente para permitir ajustes ao longo do tempo, conforme as condições de mercado ou as necessidades da empresa mudem. Isso evitará que a parceria se torne obsoleta ou ineficaz à medida que o mercado evolui.

Construção de Confiança

Desenvolver uma relação de confiança com seus parceiros locais é um dos fatores mais importantes para garantir o sucesso a longo prazo da parceria. Essa confiança é construída ao longo do tempo, e exige investimento de tempo, comunicação frequente e transparência em todas as interações.

A confiança é o que garante que ambas as partes estejam dispostas a fazer concessões quando necessário e a trabalhar em conjunto para resolver problemas que surgirem ao longo do caminho. Para construir essa confiança, é importante que sua empresa:

Respeite as normas culturais do parceiro.

- Mantenha uma comunicação aberta e esteja disponível para resolver qualquer mal-entendido ou conflito rapidamente.
- Honre compromissos e prazos, mostrando que sua empresa é confiável e está comprometida com o sucesso da parceria.
- Além disso, visitas frequentes ao mercado local e encontros presenciais podem ajudar a fortalecer a relação e criar uma conexão mais próxima entre as partes, o que aumenta as chances de sucesso.

Avaliação de Parcerias

Por último, é essencial que a empresa monitore continuamente a eficácia da parceria. Um erro comum é assumir que, uma vez formada, a parceria será bem-sucedida indefinidamente sem necessidade de ajustes. No entanto, o cenário dos negócios pode mudar rapidamente, e é crucial avaliar regularmente o desempenho da parceria para garantir que ela continue a atender às necessidades de ambas as partes.

Essa avaliação pode ser feita com base em indicadores de desempenho pré-estabelecidos, como o crescimento de vendas, participação de mercado e eficiência operacional. Caso os resultados esperados não estejam sendo alcançados, é importante que as partes se reúnam para revisar os termos da parceria e fazer ajustes conforme necessário.

A transparência nessa fase de avaliação também é fundamental. Se ambas as partes estiverem cientes dos problemas e comprometidas a trabalhar em conjunto para resolvê-los, a parceria poderá continuar a prosperar, mesmo diante de desafios.

Formar parcerias estratégicas é um dos principais fatores de sucesso para empresas que desejam se expandir internacionalmente. A identificação de parceiros confiáveis, o alinhamento de objetivos, a criação de acordos claros, a construção de confiança mútua e a avaliação contínua da eficácia das parcerias são elementos essenciais para garantir que essas alianças sejam vantajosas e duradouras.

Uma parceria bem-sucedida não só facilita o acesso ao mercado local, mas também fortalece a posição da empresa no mercado global, garantindo uma expansão sustentável e uma presença sólida em novos territórios. Ao aplicar as estratégias descritas neste capítulo, as empresas podem minimizar os riscos e maximizar os benefícios de suas parcerias estratégicas.

Capítulo 7

Como Atrair Investidores e Capital para a Expansão

Camila Vasconcellos Dias

A expansão internacional de uma empresa frequentemente exige um volume significativo de capital para financiar o crescimento, estabelecer novas operações e cobrir os custos iniciais até que as receitas comecem a gerar retorno. No entanto, muitas empresas enfrentam dificuldades em garantir o financiamento necessário, seja por não saberem como apresentar um plano de negócios atraente, por não estarem familiarizadas com as fontes de capital disponíveis, ou por não estarem preparadas para passar por processos de due diligence e negociação com investidores. Neste capítulo, discutiremos como atrair investidores e capital de forma estratégica, garantindo que a empresa tenha os recursos financeiros necessários para realizar uma expansão internacional bem-sucedida.

Criação de Um Plano de Negócios Atraente

A primeira etapa para atrair investidores é desenvolver um plano de negócios claro e convincente. Esse documento será a base para demonstrar o potencial de crescimento da empresa e convencer os investidores de que sua empresa é uma oportunidade lucrativa. Um plano de negócios sólido deve incluir:

- Visão geral da empresa: Breve descrição da empresa, seu histórico e seu posicionamento atual no mercado.
- Análise de mercado: Um estudo detalhado sobre o mercado-alvo, mostrando oportunidades de crescimento e tendências favoráveis.
- Plano de expansão: Explicação de como e onde a empresa planeja expandir suas operações, com dados concretos e metas específicas.
- Estratégia financeira: Projeções financeiras detalhadas, incluindo fluxo de caixa, retorno sobre investimento (ROI) e custos operacionais esperados.
- Proposta de valor: Destaque do diferencial competitivo da empresa e por que ela terá sucesso no mercado internacional.

Investidores querem ver dados concretos e projeções realistas de crescimento. Portanto, o plano de negócios deve apresentar uma proposta de valor clara, mostrando como os investidores poderão obter um retorno significativo sobre o capital investido. Esse plano é o primeiro passo para captar o interesse dos investidores e iniciar o diálogo sobre o financiamento da expansão.

Identificação de Fontes de Financiamento

Existem diversas fontes de capital disponíveis para financiar a expansão de uma empresa, e é essencial explorar todas as opções antes de decidir qual é a mais adequada. Algumas das fontes de financiamento mais comuns incluem:

- Bancos e instituições financeiras: Oferecem empréstimos e linhas de crédito, geralmente com termos definidos e garantias.
- Investidores anjo: São indivíduos que investem seu próprio capital em empresas em crescimento, geralmente em troca de participação acionária.
- Venture capital (capital de risco): Empresas de investimento que financiam startups e empresas em crescimento, focadas em retornos elevados.

- Fundos de private equity: Investidores que compram uma parte significativa da empresa com o objetivo de agregar valor e aumentar sua lucratividade.
- Crowdfunding: Plataformas que permitem levantar capital de um grande número de investidores, geralmente em troca de uma participação mínima.

Cada uma dessas fontes tem suas vantagens e desvantagens, e a escolha dependerá das necessidades financeiras e operacionais da empresa, bem como de sua disposição para ceder participação ou aceitar condições de pagamento específicas. Algumas empresas podem optar por uma combinação dessas fontes para diversificar o risco e garantir o capital necessário.

Preparação para Due Diligence

Uma vez que os potenciais investidores foram identificados, a empresa precisa se preparar para o processo de due diligence. Esse processo envolve uma auditoria detalhada da empresa, onde os investidores analisam todos os aspectos do negócio para garantir que ele seja financeiramente saudável e que as projeções apresentadas sejam realistas.

Para estar preparada, a empresa deve garantir que:

- Demonstrações financeiras estejam atualizadas e organizadas.
- A contabilidade seja transparente e conforme as normas internacionais.
- Contratos e acordos comerciais estejam devidamente documentados.
- Haja clareza nas operações, especialmente em relação à governança e à estrutura societária.

Além disso, é importante que a empresa esteja pronta para responder a perguntas dos investidores sobre o modelo de negócios, estratégias de crescimento, riscos e projeções financeiras. Uma preparação inadequada para o processo de due diligence pode comprometer o interesse dos investidores e levar a um financiamento mais difícil ou a termos menos favoráveis.

Negociação de Termos de Financiamento

Atrair capital não é apenas uma questão de garantir o interesse dos investidores, mas também de negociar termos de financiamento que sejam favoráveis e sustentáveis para a empresa. Isso inclui discutir questões como:

- Participação acionária: O quanto de participação na empresa os investidores receberão em troca do capital investido.
- Prazos e condições de pagamento: Se o financiamento será feito via empréstimo ou investimento de capital, e quais serão os prazos de pagamento ou retorno.
- Taxa de retorno esperada: O quanto os investidores esperam ganhar com o investimento, e em quanto tempo.
- Controle e governança: Se os investidores terão influência nas decisões da empresa ou participação no conselho administrativo.

As negociações devem ser conduzidas com cuidado para garantir que as condições acordadas sejam justas para ambas as partes. É essencial que a empresa mantenha um equilíbrio entre atrair capital suficiente para sua expansão e manter o controle sobre suas operações e decisões estratégicas. Em alguns casos, pode ser mais vantajoso ceder uma participação menor em troca de condições mais favoráveis de longo prazo.

Gestão do Capital Recebido

Finalmente, depois de garantir o capital necessário, a empresa deve ser extremamente cuidadosa na gestão desse capital. Receber um investimento significativo é apenas o começo; a verdadeira chave para o sucesso é aplicar esse capital de maneira estratégica e eficiente para maximizar o retorno e garantir que os recursos sejam alocados corretamente nas áreas que mais necessitam de atenção.

Isso inclui:

- Investimento em infraestrutura e logística, caso seja necessário para a entrada em um novo mercado.
- Marketing e estratégias de vendas direcionadas, focadas em criar brand awareness e gerar clientes rapidamente no novo território.
- Contratação de equipes locais e treinamento, garantindo que a empresa tenha o suporte humano necessário para operar de forma eficiente no novo mercado.

Além disso, a monitorização contínua do fluxo de caixa e o ajuste de alocação de capital ao longo do tempo são cruciais para garantir que o investimento seja utilizado da melhor forma possível. O objetivo final é garantir que o capital contribua para crescimento sustentável, sem que a empresa se torne financeiramente vulnerável ou dependente de novos financiamentos no futuro.

Atrair capital para uma expansão internacional é um desafio complexo que exige um plano de negócios atraente, uma identificação estratégica de fontes de financiamento, preparação para due diligence e a capacidade de negociar termos favoráveis. No entanto, garantir o capital é apenas o começo. Uma gestão cuidadosa e estratégica desse capital é essencial para maximizar o retorno e garantir que a expansão seja financeiramente sustentável.

Ao seguir as práticas descritas neste capítulo, as empresas estarão mais bem preparadas para atrair investidores qualificados e garantir o financiamento necessário para realizar suas expansões com sucesso, ao mesmo tempo em que mantêm o controle sobre suas operações e a visão de longo prazo.

Capítulo 8

Implementando Modelos de Negócio Flexíveis

CONSULTORIA EMPRESARIAL E NEGOCIAÇÃO ESTRATÉGICA

Expandir uma empresa para novos mercados requer não apenas uma abordagem estratégica, mas também flexibilidade operacional. Um dos erros mais comuns que as empresas cometem durante a expansão internacional é tentar aplicar um modelo de negócio rígido, que funcionou em seu mercado original, sem realizar as adaptações necessárias para atender às demandas locais. Modelos de negócios que não conseguem se ajustar às diferentes realidades culturais, econômicas e regulatórias acabam limitando o potencial de crescimento e colocando em risco o sucesso da expansão. Neste capítulo, vamos discutir como as empresas podem implementar modelos de negócio flexíveis que permitem adaptação rápida às mudanças e exigências de novos mercados.

Adaptação de Modelos de Negócio

O primeiro passo para garantir a flexibilidade é estar disposto a adaptar o modelo de negócio conforme necessário. Isso pode significar ajustar processos, modificar a oferta de produtos ou até mesmo redefinir a estratégia de preços para melhor atender às expectativas dos consumidores locais. Cada mercado é único, e o que funciona em um ambiente pode não ser eficaz em outro.

Por exemplo, enquanto em alguns mercados o modelo de negócio baseado em volume de vendas pode ser bem-sucedido, em outros pode ser mais interessante adotar uma abordagem focada na personalização e valor agregado. No setor de varejo, por exemplo, as preferências dos consumidores em relação à experiência de compra podem variar significativamente entre diferentes regiões, e as empresas devem estar prontas para modificar seu modelo de atendimento e até operações logísticas para se ajustar a essas necessidades.

O sucesso a longo prazo em novos mercados depende da capacidade de adaptar o modelo de negócio para melhor atender à demanda local, sem comprometer a identidade central da empresa.

Testes de Mercado

Antes de implementar um modelo de negócio definitivo em um novo mercado, é fundamental realizar testes de mercado para validar suposições e entender melhor o comportamento do consumidor local. Esses testes podem incluir lançamentos de produtos em pequena escala, projetos-piloto ou até mesmo a realização de pesquisas com consumidores locais.

Os testes de mercado permitem que as empresas:

- Identifiquem falhas no modelo atual antes de comprometer grandes recursos.
- Ajustem estratégias de marketing e vendas com base em dados reais.
- Experimentem diferentes estruturas de preços e opções de pagamento.

Ao conduzir esses testes, a empresa pode ajustar o modelo de negócio antes de fazer um investimento significativo na expansão completa. Além disso, os resultados obtidos durante essa fase de testes fornecem insights valiosos sobre as preferências do consumidor local, permitindo à empresa tomar decisões informadas sobre como proceder no mercado-alvo.

Inovação Contínua

Para garantir que o modelo de negócio permaneça competitivo e relevante, é essencial promover uma cultura de inovação contínua dentro da empresa. A inovação não deve ser vista apenas como uma necessidade ocasional, mas como um componente central da estratégia de negócios.

A inovação contínua pode ser aplicada de várias maneiras:

- Melhorar processos internos para aumentar a eficiência operacional.
- Desenvolver novos produtos ou serviços que atendam às necessidades específicas do mercado local.
- Adotar tecnologias emergentes que melhorem a experiência do cliente e simplifiquem as operações.

Empresas que priorizam a inovação têm mais facilidade em se adaptar rapidamente às mudanças no mercado, garantindo que seu modelo de negócio permaneça flexível o suficiente para enfrentar os desafios futuros. Além disso, a inovação é essencial para identificar novas oportunidades de crescimento e manter uma vantagem competitiva sobre os concorrentes.

Monitoramento de Resultados

A implementação de um modelo de negócio flexível requer monitoramento contínuo para garantir que os resultados esperados estejam sendo alcançados. O uso de indicadores de desempenho chave (KPIs) é essencial para avaliar o desempenho do modelo em tempo real e identificar áreas que possam exigir ajustes.

Monitorar os resultados permite que a empresa:

- Avalie a eficiência do modelo de negócio em termos de crescimento de receita, custo de aquisição de clientes e retenção de clientes.
- Detecte possíveis problemas antes que eles se tornem grandes desafios.
- Ajuste rapidamente o modelo de negócio para maximizar a eficiência e lucratividade.

Plataformas de business intelligence e análise de dados podem ser extremamente úteis para fornecer visibilidade detalhada sobre o desempenho do modelo em diferentes mercados, permitindo que a empresa reaja rapidamente a quaisquer flutuações ou desafios inesperados.

Revisão e Ajuste

Nenhum modelo de negócio deve ser visto como definitivo, especialmente em mercados globais dinâmicos. Para garantir a longevidade e o sucesso de uma expansão, a empresa deve estar disposta a revisar e ajustar seu modelo de negócio conforme necessário, com base nos resultados obtidos e nas mudanças nas condições do mercado.

Esse processo de revisão pode incluir:

- Alteração nas estratégias de marketing para melhor atrair os consumidores locais.
- Reformulação de processos operacionais para aumentar a eficiência.
- Adaptação da estrutura de preços para se alinhar melhor às condições econômicas do mercado-alvo.

A disposição para fazer ajustes contínuos demonstra a resiliência da empresa e sua capacidade de aprender com a experiência, garantindo que ela permaneça competitiva mesmo diante de mudanças significativas no ambiente de negócios.

Um modelo de negócio flexível é uma das características mais importantes de uma empresa bem-sucedida em sua expansão internacional. A capacidade de se adaptar rapidamente às mudanças no mercado, realizar testes de mercado, fomentar a inovação contínua e ajustar seu modelo com base nos resultados obtidos permite que a empresa maximize suas oportunidades e minimize os riscos durante a expansão.

Ao implementar essas estratégias, as empresas garantem que seus modelos de negócio não apenas sobrevivam, mas prosperem em novos mercados, permitindo-lhes se adaptar às demandas e desafios locais e se destacar em um ambiente global competitivo.

Capítulo 9

Inovação em Mercados Competitivos

Camila Vasconcellos Dias

Em mercados saturados e altamente competitivos, a inovação não é apenas uma vantagem – é uma necessidade. Empresas que falham em inovar e se diferenciar acabam perdendo espaço para concorrentes que estão constantemente desenvolvendo novas ideias, produtos e estratégias para atender às demandas em evolução dos consumidores. A inovação permite que as empresas se adaptem a mudanças rápidas no mercado, respondam a novas tecnologias e criem soluções que encantem seus clientes, gerando valor e mantendo a relevância. Neste capítulo, vamos explorar como as empresas podem adotar a inovação como parte central de sua estratégia, garantindo sucesso e crescimento sustentável em mercados competitivos.

Pesquisa e Desenvolvimento (P&D)

Uma das maneiras mais eficazes de promover a inovação em sua empresa é investir consistentemente em Pesquisa e Desenvolvimento (P&D). O P&D permite que a empresa explore novas ideias de produtos, melhore processos existentes e se mantenha à frente da concorrência em termos de tecnologia e eficiência.

Investir em P&D pode incluir a:

- Criação de novos produtos ou serviços que se adaptem às necessidades emergentes dos consumidores.
- Melhoria de produtos existentes, tornando-os mais eficientes ou acessíveis.
- Desenvolvimento de novos processos operacionais que aumentem a produtividade ou reduzam custos.

Empresas líderes de mercado muitas vezes destinam uma parte significativa de seus recursos para P&D, o que lhes permite inovar constantemente e atender às mudanças de expectativas dos consumidores. Um exemplo clássico disso são as empresas de tecnologia, que estão sempre desenvolvendo novas versões de seus produtos e testando novos conceitos.

Cultura de Inovação

Para que a inovação floresça, não basta investir em P&D – é necessário criar uma cultura de inovação dentro da empresa. Isso significa encorajar todos os funcionários, independentemente de sua função, a compartilhar ideias e buscar melhorias contínuas. Quando uma empresa promove uma mentalidade inovadora, ela incentiva a criatividade, a colaboração e o pensamento fora da caixa, elementos cruciais para se destacar em mercados competitivos.

Criar essa cultura envolve:

- Incentivar a experimentação: Permitir que os funcionários testem novas ideias sem medo de falhar.
- Recompensar a inovação: Criar um sistema de reconhecimento para funcionários ou equipes que apresentem inovações bem-sucedidas.
- Fomentar a comunicação interna: Facilitar a troca de ideias e a colaboração entre departamentos e equipes.

Uma cultura de inovação não surge da noite para o dia; é necessário investir tempo e recursos para mudar a mentalidade organizacional e criar um ambiente onde todos se sintam parte do processo inovador. Empresas que fazem isso bem conseguem inovar continuamente, permanecendo relevantes em mercados em constante mudança.

Adaptação Tecnológica

A tecnologia é um dos principais motores da inovação em praticamente todos os setores. Estar atento às novas tecnologias emergentes permite que as empresas melhorem seus produtos, serviços e processos, mantendo-se competitivas. A adaptação tecnológica não significa apenas adotar tecnologias populares, mas também ser capaz de identificar e aplicar tecnologias que melhorem a eficiência, reduzam custos e criem novas oportunidades de mercado.

Algumas formas de adaptação tecnológica incluem:

- Automatização de processos para aumentar a eficiência operacional.

- Implementação de ferramentas de análise de dados para entender melhor as preferências dos consumidores e otimizar as operações.
- Uso de inteligência artificial (IA) para melhorar o atendimento ao cliente ou personalizar a oferta de produtos.

Empresas que integram a tecnologia de ponta em seus processos conseguem responder mais rapidamente às mudanças no mercado e oferecer soluções mais inovadoras, mantendo uma vantagem competitiva significativa. A chave é estar sempre atento às novas tecnologias que podem impactar positivamente a oferta de produtos e serviços.

Feedback de Clientes

O feedback dos clientes é uma ferramenta valiosa para direcionar a inovação dentro da empresa. Ao ouvir o que os consumidores têm a dizer sobre seus produtos e serviços, a empresa pode identificar pontos de melhoria e oportunidades de inovação que podem não ter sido consideradas internamente.

Algumas formas de aproveitar o feedback dos clientes incluem:

- Pesquisa de satisfação: Pergunte diretamente aos clientes o que pode ser melhorado.
- Análise de comportamento do consumidor: Utilize ferramentas de análise para rastrear como os consumidores estão interagindo com seus produtos e onde podem estar enfrentando dificuldades.
- Testes de produtos: Permita que pequenos grupos de clientes testem novos produtos ou protótipos e forneçam feedback antes de um lançamento em grande escala.

Ao envolver os clientes no processo de inovação, a empresa pode garantir que as mudanças feitas sejam relevantes para o público-alvo, aumentando as chances de sucesso e melhorando a satisfação do cliente. Inovar com base em feedback ajuda a criar produtos e serviços que resolvem problemas reais dos consumidores.

Colaboração para Inovação

Finalmente, a inovação pode ser significativamente ampliada através de colaborações estratégicas com outras empresas, especialmente startups e empresas de tecnologia que estão na vanguarda da inovação. A cooperação entre empresas pode gerar ideias e soluções que, de outra forma, seriam impossíveis de desenvolver individualmente.

Algumas formas de colaboração incluem:

- Parcerias com startups para desenvolver novas tecnologias ou produtos.
- Alianças com universidades ou centros de pesquisa para obter insights inovadores e soluções tecnológicas.
- Joint ventures com outras empresas que compartilhem dos mesmos interesses e objetivos de inovação.

A colaboração aberta permite que as empresas ampliem seus recursos e capacidades, aproveitando o conhecimento e a experiência de parceiros externos. Isso não apenas acelera o processo de inovação, mas também aumenta a probabilidade de sucesso ao entrar em novos mercados ou lançar produtos inovadores.

Conclusão

Inovar é uma necessidade estratégica para qualquer empresa que deseja se destacar e prosperar em mercados altamente competitivos. Através de investimentos contínuos em P&D, criação de uma cultura de inovação, adaptação tecnológica, aproveitamento do feedback de clientes e colaboração estratégica, as empresas podem garantir que estão sempre na vanguarda da inovação e prontas para responder rapidamente às mudanças de mercado.

Inovação não é um evento único, mas um processo contínuo que deve ser cultivado e aprimorado ao longo do tempo. As empresas que conseguem adotar essa mentalidade de inovação constante serão aquelas que permanecerão relevantes, competitivas e bem-sucedidas, independentemente do quão saturado o mercado se torne.

Capítulo 10

Liderança e Gestão de Equipes em Expansão

Expandir uma empresa para novos mercados traz muitos desafios, e um dos maiores é a gestão eficaz de equipes distribuídas globalmente. Quando uma empresa entra em novos territórios, a liderança e a gestão de suas operações devem ser ajustadas para garantir que os objetivos globais sejam alcançados, sem perder de vista as necessidades locais. No entanto, gerir equipes em mercados diferentes pode ser uma tarefa complexa, especialmente quando se trata de alinhar expectativas culturais, manter a comunicação clara e eficiente, e garantir que todos estejam comprometidos com os mesmos objetivos. Neste capítulo, discutiremos como a liderança e a gestão de equipes desempenham um papel central no sucesso da expansão internacional, oferecendo estratégias práticas para enfrentar esses desafios.

O primeiro passo para garantir o sucesso na gestão de equipes globais é o desenvolvimento de lideranças locais. Embora a cultura e a visão da empresa sejam globais, é essencial ter líderes em cada mercado que compreendam as nuances culturais e comerciais daquele local. Identificar e treinar líderes locais não apenas permite uma operação mais fluida e eficaz, mas também garante que as decisões sejam tomadas por quem tem um conhecimento profundo do contexto regional. Esses líderes devem estar alinhados com os objetivos estratégicos globais da empresa, mas devem ter a autonomia necessária para adaptar essas diretrizes às especificidades do mercado.

Uma liderança local forte também facilita a delegação de responsabilidades, outro fator crucial para o sucesso. Em um ambiente de negócios global, as decisões precisam ser tomadas rapidamente, e depender da sede ou da matriz para cada decisão pode atrasar o progresso e limitar o potencial de crescimento. Dar autonomia às equipes locais para tomar decisões, dentro de certos parâmetros, é fundamental para garantir agilidade e eficiência nas operações. A confiança nas habilidades e no julgamento dos líderes locais ajuda a criar um ambiente de trabalho onde as equipes se sentem empoderadas e responsáveis pelo sucesso do mercado em que atuam.

No entanto, para que essa autonomia funcione, é essencial estabelecer canais de comunicação claros entre as diferentes equipes. A comunicação eficaz é a espinha dorsal de qualquer organização global, especialmente quando as equipes estão espalhadas por múltiplos fusos horários e contextos culturais. Investir em ferramentas de comunicação que permitam transparência, agilidade e colaboração em tempo real é vital para garantir que todos estejam na mesma página. Reuniões regulares, plataformas de comunicação digital e um fluxo contínuo de informações entre as equipes e a liderança são essenciais para o sucesso de uma equipe distribuída.

Além da comunicação, é igualmente importante criar uma cultura organizacional global. Isso significa que, apesar das diferenças regionais, a essência da empresa, seus valores e sua visão devem permanecer consistentes em todos os mercados. A criação de uma cultura organizacional global garante que todos os funcionários, independentemente de onde estejam, compartilhem os mesmos princípios e se sintam parte de um todo maior.

No entanto, essa cultura deve ser flexível o suficiente para se adaptar às particularidades locais, permitindo que a empresa seja percebida como parte da comunidade em cada mercado, sem perder sua identidade corporativa.

Por fim, a motivação e o engajamento das equipes são fundamentais para o sucesso de qualquer expansão internacional. Quando uma empresa entra em novos mercados, é natural que as equipes locais enfrentem desafios adicionais, como a adaptação a novas políticas corporativas, diferenças culturais e expectativas regionais. Para manter as equipes engajadas e motivadas, é essencial desenvolver programas que incentivem a colaboração, o crescimento profissional e o reconhecimento. Isso pode incluir oportunidades de treinamento contínuo, incentivos por desempenho e programas de integração que ajudem os funcionários a se sentirem conectados com os objetivos globais da empresa. Quando as equipes sentem que estão contribuindo para algo maior e têm oportunidades de desenvolvimento pessoal e profissional, elas permanecem mais engajadas e comprometidas com o sucesso da organização.

O sucesso de uma expansão internacional depende de uma liderança eficaz e da gestão eficiente de equipes distribuídas globalmente. Identificar líderes locais capacitados, estabelecer comunicação clara, criar uma cultura organizacional adaptável, delegar responsabilidades de forma estratégica e manter as equipes engajadas são elementos essenciais para garantir que a expansão seja bem-sucedida. À medida que as empresas continuam a crescer em mercados internacionais, essas práticas de gestão e liderança se tornam ainda mais cruciais, não apenas para o crescimento sustentável, mas também para garantir que a empresa mantenha sua essência global, ao mesmo tempo que se adapta aos desafios e oportunidades de cada mercado local.

Conclusão

CONSULTORIA EMPRESARIAL E NEGOCIAÇÃO ESTRATÉGICA

A o longo deste livro, exploramos os aspectos mais críticos da expansão empresarial em mercados globais, com ênfase na importância de uma estratégia empresarial bem estruturada, negociações eficazes e na necessidade de flexibilidade em um ambiente de negócios em constante mudança. A expansão de uma empresa para novos mercados traz grandes oportunidades, mas também desafios complexos que exigem um planejamento meticuloso e a capacidade de adaptação. Agora que você chegou ao final desta jornada, gostaria de recapitular os principais pontos abordados e reforçar as lições mais importantes.

A primeira etapa crucial para qualquer expansão bem-sucedida é a identificação de oportunidades de crescimento. Como discutido no início, o sucesso em mercados internacionais começa com uma análise estratégica profunda e detalhada. Sem compreender as dinâmicas do mercado, as tendências econômicas e o contexto político e cultural de cada região, é quase impossível estabelecer uma base sólida para o crescimento sustentável. A pesquisa de mercado e o planejamento cuidadoso garantem que sua empresa entre no mercado certo, no momento certo, com a proposta certa.

Em seguida, falamos sobre como superar os desafios culturais e comerciais que surgem naturalmente na transição para novos territórios. As diferenças culturais podem impactar desde as negociações até a forma como sua marca é percebida pelos consumidores locais. Compreender e respeitar essas diferenças não apenas abre portas, mas também permite que sua empresa construa relações duradouras e bem-sucedidas com parceiros e clientes em mercados globais.

A estratégia de expansão também foi um ponto central, destacando a importância de um plano bem estruturado. Para garantir o sucesso, o plano deve cobrir todos os aspectos operacionais, desde a alocação de recursos até o monitoramento de desempenho por meio de KPIs. Com um plano claro, é possível reduzir erros dispendiosos e garantir que a empresa tenha flexibilidade para ajustar sua abordagem conforme necessário.

Além disso, discutimos a negociação estratégica como uma das chaves para estabelecer parcerias lucrativas e condições favoráveis em novos mercados. Negociar de maneira eficaz significa não apenas atingir os objetivos da empresa, mas também encontrar um terreno comum que beneficie todas as partes envolvidas. Soluções ganha-ganha criam relações de longo prazo e abrem espaço para o crescimento conjunto, essencial para qualquer empresa em expansão.

Também foi abordada a importância da gestão de riscos. Entrar em um novo mercado é sempre uma empreitada incerta, e a capacidade de prever e mitigar riscos é crucial para evitar contratempos significativos. Desde riscos regulatórios até instabilidades políticas, a gestão proativa de riscos permite que as empresas protejam seus investimentos e garantam uma expansão mais segura.

Outro tema central foi o desenvolvimento de parcerias estratégicas. As empresas raramente conseguem navegar sozinhas em mercados novos e desconhecidos. Por isso, a identificação de parceiros locais confiáveis é um passo essencial. Essas parcerias fornecem conhecimento local, acesso a novos recursos e, muitas vezes, são o fator decisivo para uma entrada bem-sucedida em mercados internacionais.

Falamos também sobre como atrair investidores e garantir capital para financiar a expansão. Investidores estratégicos podem proporcionar o impulso necessário para o crescimento, mas é vital garantir que os termos de financiamento sejam favoráveis e que o capital seja bem gerido. A eficiência no uso do capital, juntamente com um plano de crescimento bem pensado, é o que garante que o investimento gere o retorno esperado e que a empresa se fortaleça ao longo do tempo.

Por fim, exploramos a importância da inovação e da liderança eficaz em um cenário global competitivo. A capacidade de inovar continuamente, seja por meio de novos produtos, processos aprimorados ou adaptação tecnológica, é o que mantém a empresa à frente da concorrência. A liderança, por sua vez, é fundamental para garantir que as equipes globais estejam alinhadas com a visão estratégica da empresa, trabalhando de forma coesa para atingir os objetivos estabelecidos.

Ao longo de cada capítulo, enfatizei a necessidade de flexibilidade. A capacidade de ajustar sua estratégia conforme as condições de mercado mudam, de aprender com os erros e de adaptar seus processos são fatores que distinguem empresas que simplesmente sobrevivem daquelas que prosperam em ambientes globais. Nenhuma estratégia deve ser rígida; em vez disso, deve ser vista como um plano dinâmico, sujeito a ajustes conforme o mercado evolui.

Agora que você concluiu a leitura deste livro, espero que tenha obtido insights valiosos sobre como expandir sua empresa com sucesso, utilizando negociação estratégica, gestão de riscos e inovação contínua. A expansão internacional é uma jornada emocionante e, embora envolva muitos desafios, as recompensas podem ser imensas para aqueles que estão dispostos a planejar cuidadosamente e agir com confiança.

Deixo a você, leitor, um último conselho: não tenha medo de inovar e de tomar decisões ousadas. O mercado global está cheio de oportunidades inexploradas, e com a preparação certa, sua empresa pode ser bem-sucedida em qualquer mercado. Mantenha o foco em sua estratégia, seja resiliente e continue aprendendo. O sucesso em mercados globais é construído com uma combinação de visão estratégica, execução precisa e, acima de tudo, determinação.